AF509902

BASSVS.
SONETZ DE P. DE RONSARD
MIS EN MVSIQVE A .IIII. PARTIES
PAR G. BONI, DE S. FLOVR EN AVVERGNE.
SECOND LIVRE.
A PARIS.
Par Adrian le Roy, & Robert Ballard.
Imprimeurs du Roy.
M D. LXXVI.
Auec priuilege de sa majesté pour dix ans.

In cantica Bonij musici.

Dum lacerum trunci ferret caput Orpheos Hebrus,
    Et moriens medijs guttur hiaret aquis:
Insinuata cauo perflabilis aura palato
    Exanimi viuos misit ab ore sonos.
Carmina quæ poterant Ronsardi penè videri
    Mortua, dum viua voce canentis egent:
Nunc animata tuo resonabunt viua canore
    Docte Boni, numeris emodulanda tuis.
Carmina Ronsardi dant vitam lumine cassis:
    Vitam dat vatis vox tua carminibus.

Io. Auratus poeta regius.

PIETATE ET
IVSTITIA

In cantica Bonij musici.

Dum lacerum trunci ferret caput Orpheos Hebrus,
 Et moriens medijs guttur hiaret aquis:
Insinuata cauo perflabilis aura palato
 Exanimi viuos misit ab ore sonos.
Carmina quæ poterant Ronsardi penè videri
 Mortua, dum viua voce canentis egent:
Nunc animata tuo resonabunt viua canore
 Docte Boni, numeris emodulanda tuis.
Carmina Ronsardi dant vitam lumine cassis:
 Vitam dat vatis vox tua carminibus.

Io. Auratus poeta regius.

E ne suis point, Muses, acoutumé   De voir voz sauts Do

voir voz sauts sous la tarde serée: Ie n'ay point beu dedans l'onde sa-

crée   Fille du pied du cheual emplumé. De tes beaux rais chastement

alumé   Ie fu poëte & si ma voix recré-   e, Et si ma lyre aucunement agrée,   Ton œil en soit, non

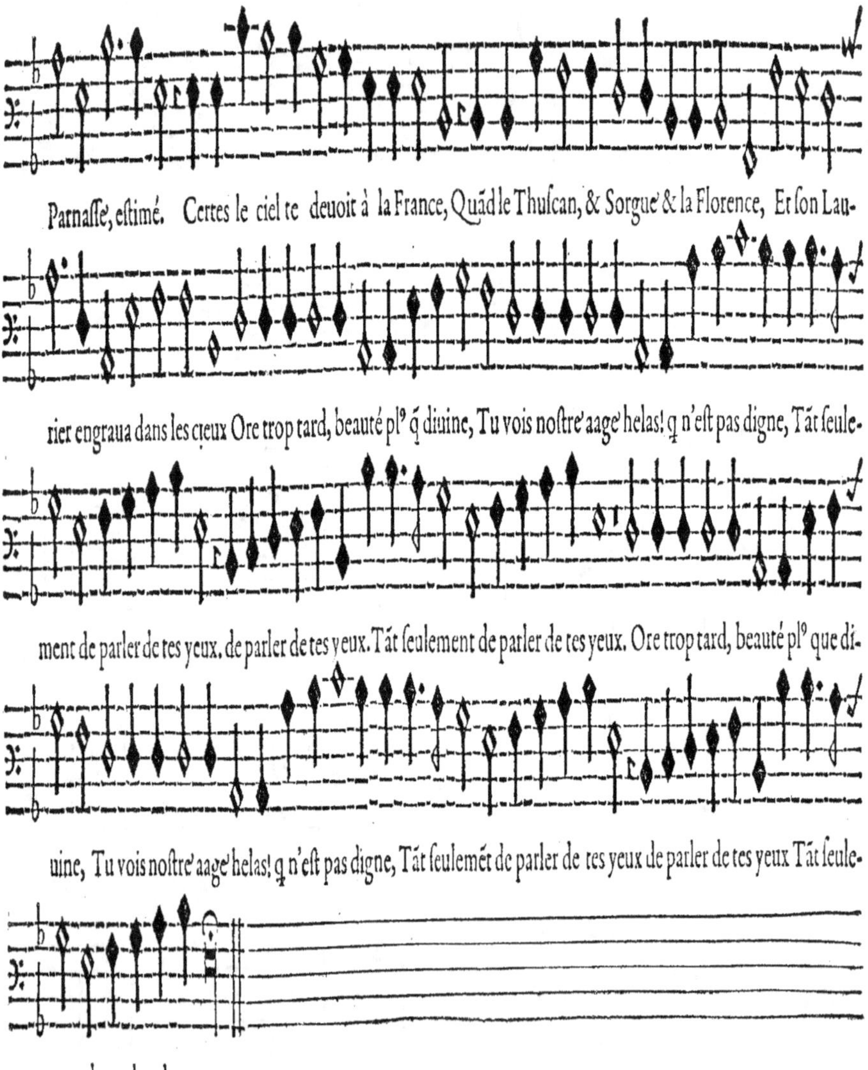
Parnasse, estimé. Certes le ciel te deuoit à la France, Quãd le Thuscan, & Sorgue & la Florence, Et son Lau-
rier engraua dans les cieux Ore trop tard, beauté pl° q̃ diuine, Tu vois nostre aage helas! q n'est pas digne, Tãt seulement de parler de tes yeux. de parler de tes yeux. Tãt seulement de parler de tes yeux. Ore trop tard, beauté pl° que diuine, Tu vois nostre aage helas! q n'est pas digne, Tãt seulemét de parler de tes yeux de parler de tes yeux Tãt seulement de parler de tes yeux.

A iij

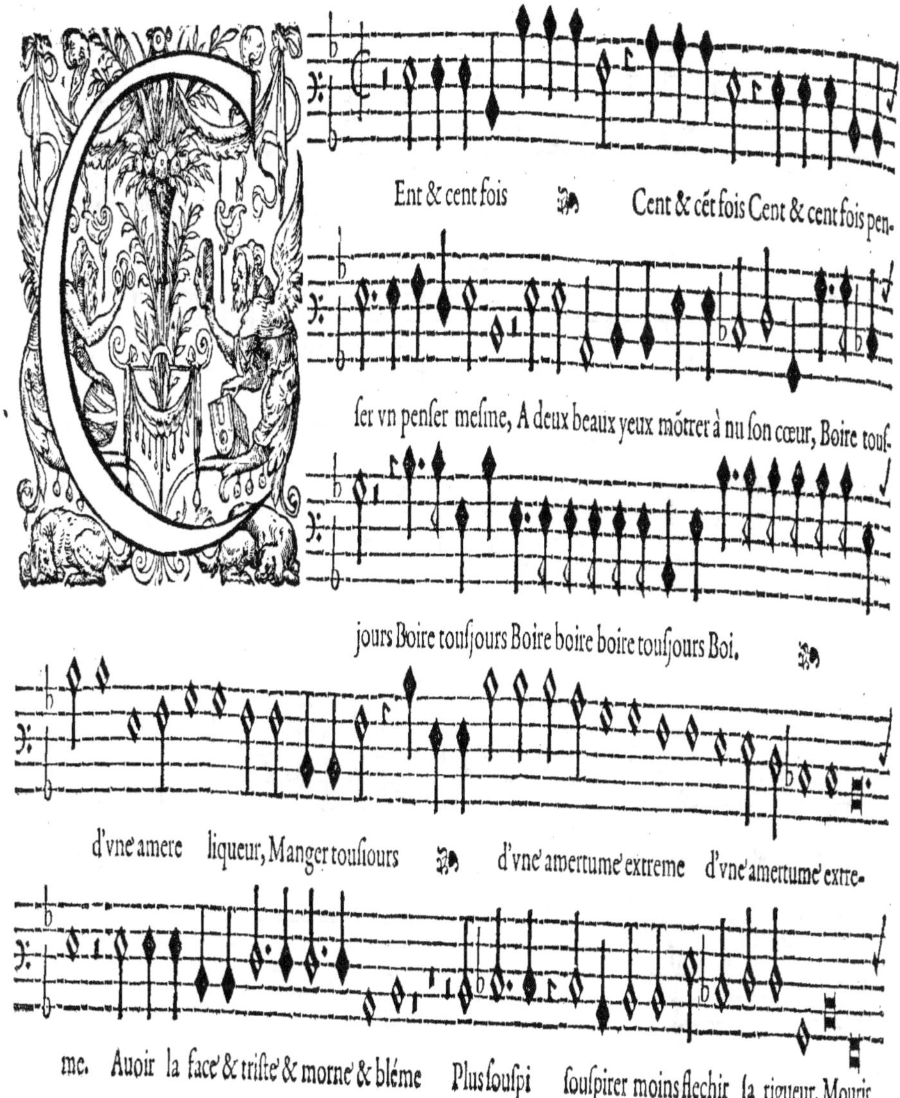

Ent & cent fois   Cent & cét fois Cent & cent fois penfer vn penfer mefme, A deux beaux yeux môtrer à nu fon cœur, Boire toufjours Boire toufjours Boire boire boire toufjours Boi.
d'vne amere   liqueur, Manger toufiours   d'vne amertume extreme   d'vne amertume extreme.   Auoir la face & trifte & morne & bléme   Plus foufpi   foufpirer moins flechir la rigueur, Mourir

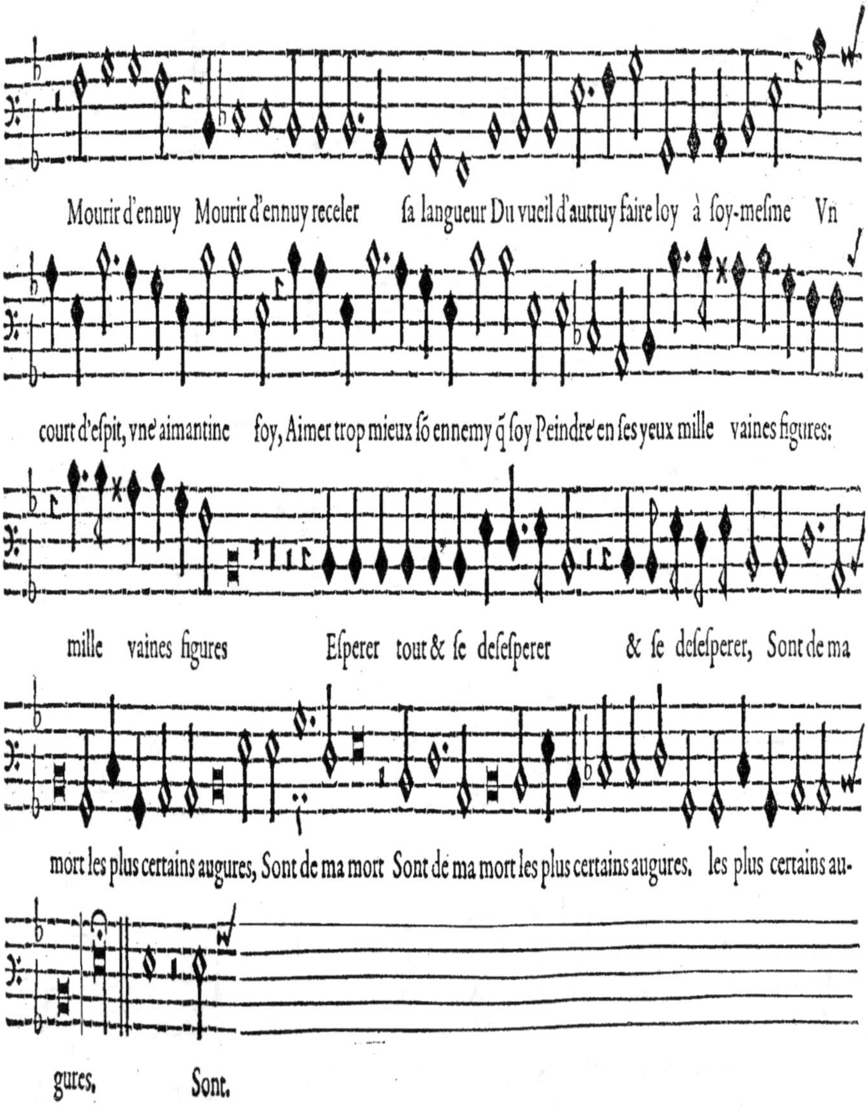

Mourir d'ennuy Mourir d'ennuy receler   sa langueur Du vueil d'autruy faire loy à foy-mesme Vn

court d'espit, vne aimantine   foy, Aimer trop mieux sõ ennemy q̃ soy Peindre en ses yeux mille vaines figures:

mille   vaines figures   Esperer tout & se desesperer   & se desesperer, Sont de ma

mort les plus certains augures, Sont de ma mort Sont de ma mort les plus certains augures. les plus certains au-

gures.   Sont.

'Vn abuſé je ne ſeroy la fable, Fable future au peuple ſuruiuant Si ma raiſon alloit bié enſuy.
uant   alloit bien enſuiuant   L'atrait fatal de ta vois veritable   Chaſte pphete & vraimét pitoi-
able   Pour m'auertir tu me predis ſouuét, q̃ je mourray, Caſſadre, en te ſeruant: Mais le malheur ne te réd poſt croia-
ble: Car tó deſtin qui cele mon treſpas, Et q̃ me force à ne te croire pas D'vn faux eſpoir tes oracles   me cache
toutefois je ne puis toutefois je ne puis d'autour du col me denouer l'atache.   me denouer l'atache.

dir fans ceffe' vne nouuelle trame, Sont les effets q̃ logent en mon ame, L'efpoir douteux & le tourmét certain.

As! Las sans espoir je languis à grãd tort, Pour la rigueur d'vne beauté si fiere,　Qui sans ouyr mes pleurs ny ma priere　Rid de mon
mal　si violent　& fort　De la beauté dont j'esperois sup-
port, Pour mõ seruice & longue foy premiere,　Ie ne reçoy que tourment & misere,　Et pour secours je
n'attens que la mort. Mais telle dame est si sage & si belle　Que si quelqu'vn la veut nommer cruelle

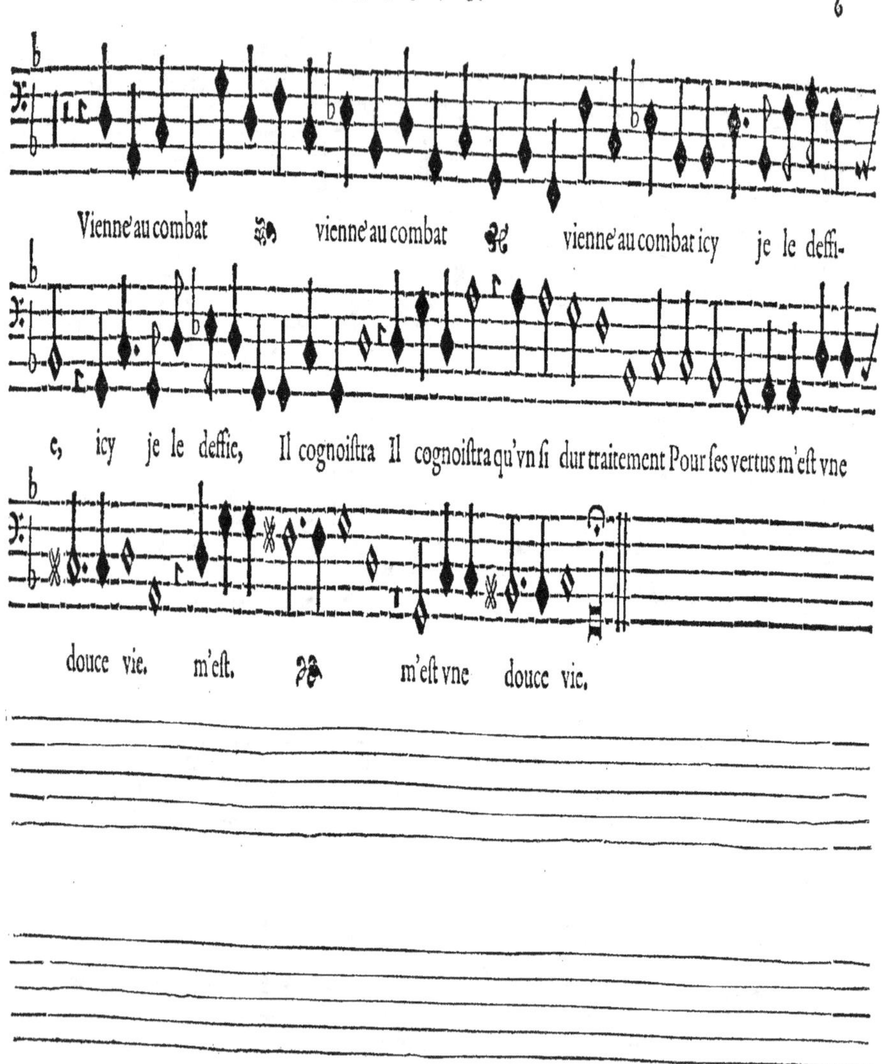

Vienne'au combat vienne'au combat vienne'au combat icy je le deffi-
c, icy je le deffie, Il cognoistra Il cognoistra qu'vn si dur traitement Pour ses vertus m'est vne
douce vie. m'est. m'est vne douce vie.

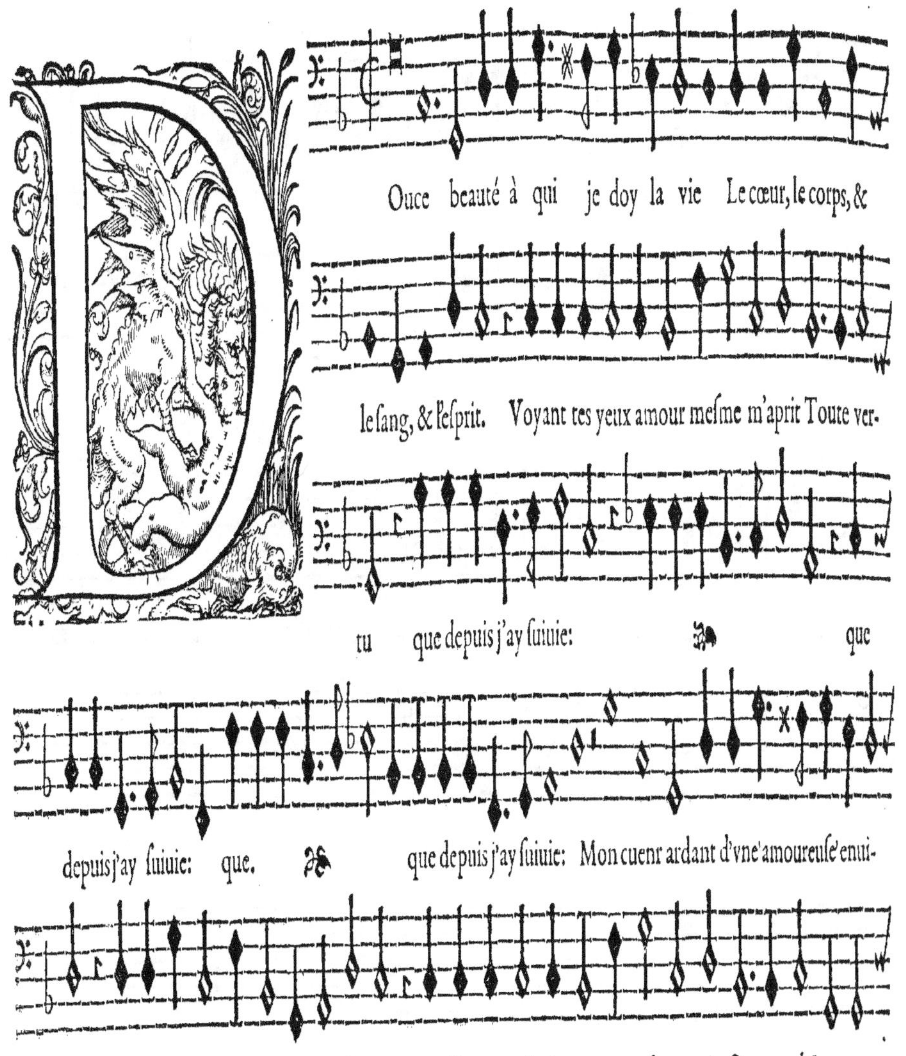
Ouce beauté à qui je doy la vie Le cœur, le corps, &
le sang, & l'esprit.   Voyant tes yeux amour mesme m'aprit Toute ver-
tu   que depuis j'ay suiuie: que
depuis j'ay suiuie: que.   que depuis j'ay suiuie: Mon cuenr ardant d'vne amoureuse ennui-
e   Si viuement de tes graces seprit Que d'vn regard de tes yeux il comprit, Que peut hóneur, a-

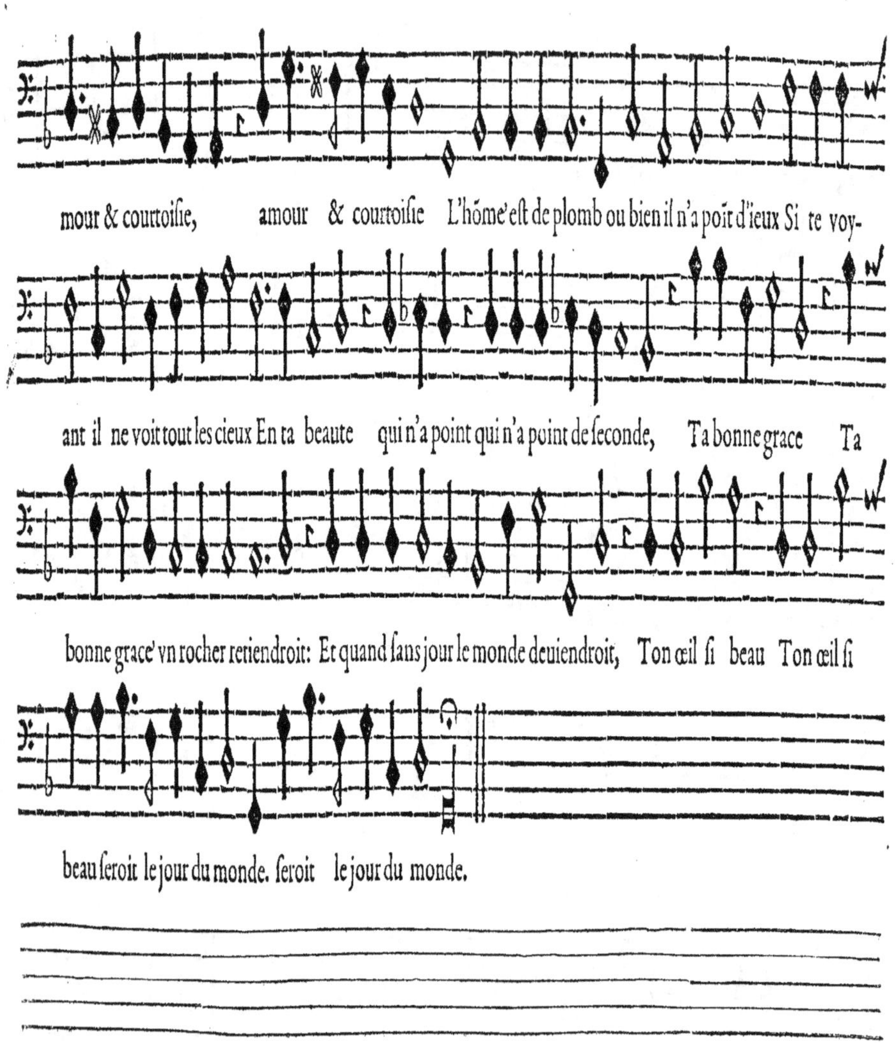
mour & courtoisie,   amour & courtoisie   L'hôme'est de plomb ou bien il n'a poît d'ieux Si te voy-
ant il ne voit tout les cieux En ta beaute   qui n'a point qui n'a point de seconde,   Ta bonne grace   Ta
bonne grace' vn rocher retiendroit: Et quand sans jour le monde deuiendroit,   Ton œil si beau Ton œil si
beau seroit le jour du monde. seroit   le jour du monde.

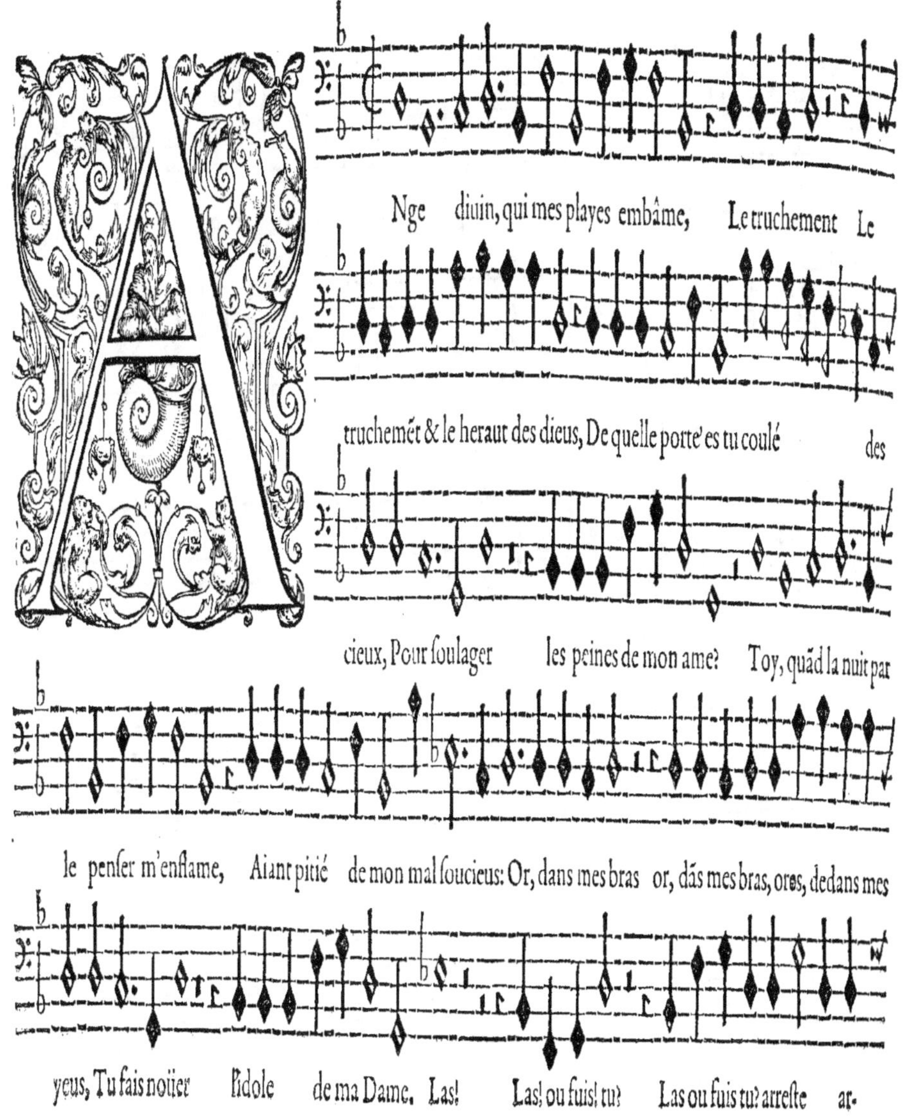
Nge diuin, qui mes playes embâme, Le truchement Le
truchemét & le heraut des dieus, De quelle porte' es tu coulé des
cieux, Pour foulager les peines de mon ame? Toy, quád la nuit par
le penfer m'enflame, Aiant pitié de mon mal foucieus: Or, dans mes bras or, dás mes bras, ores, dedans mes
yeus, Tu fais noüer l'idole de ma Dame. Las! Las! ou fuis! tu? Las ou fuis tu? arrefte ar-

reste'en cor' vn peu, Que vainement je me soye repeu De ce beau corps dót l'apetit me ronge: Sinon d'ef-
fet. seuffre' au mois que par songe Toute' vne nuit toute' vne nuit je les puisse' embraffer je les
puisse' embraffer je les puisse' embraffer.

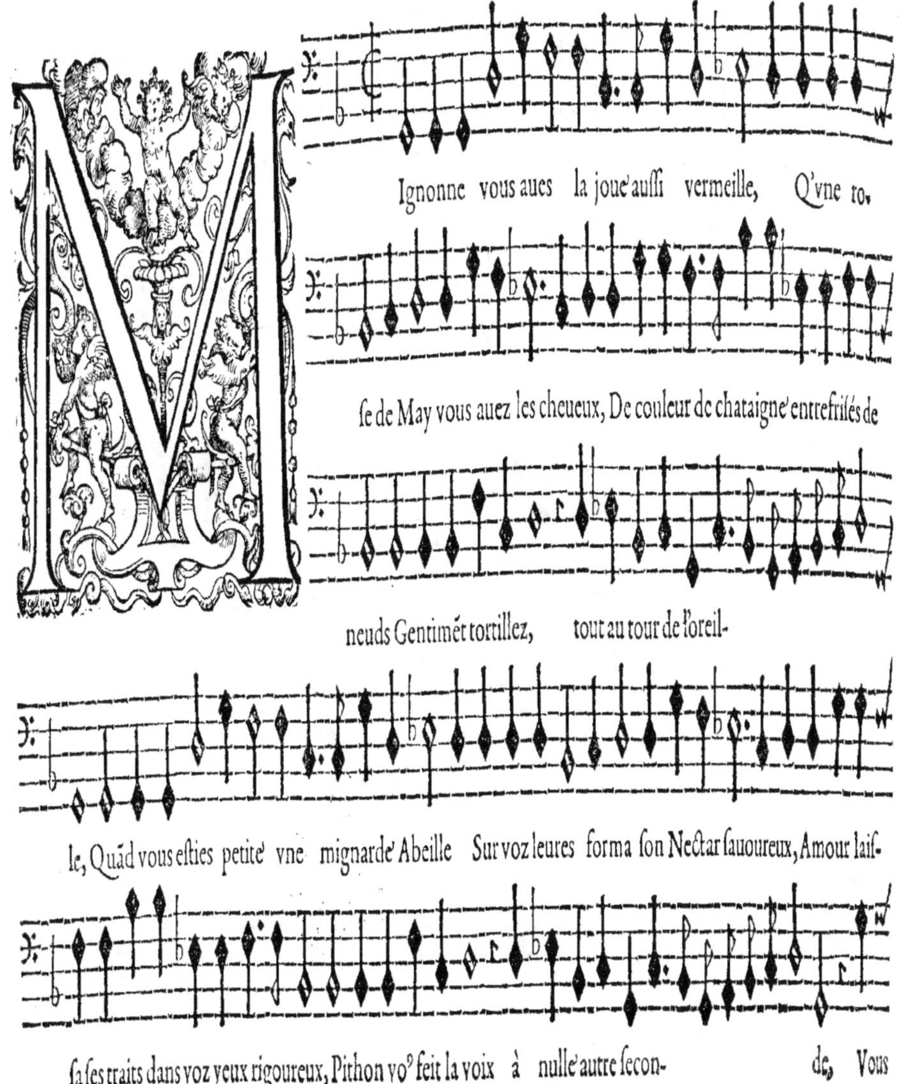
Ignonne vous aues la joue’aussi vermeille,   Q’vne ro,
se de May vous auez les cheueux, De couleur de chataigne’entrefrilés de
neuds Gentimét tortillez,   tout au tour de l’oreil-
le, Quãd vous esties petite’ vne mignarde’Abeille Sur voz leures forma son Nectar sauoureux, Amour laif-
sa ses traits dans voz yeux rigoureux, Pithon vo⁹ feit la voix à nulle’autre secon-   de, Vous

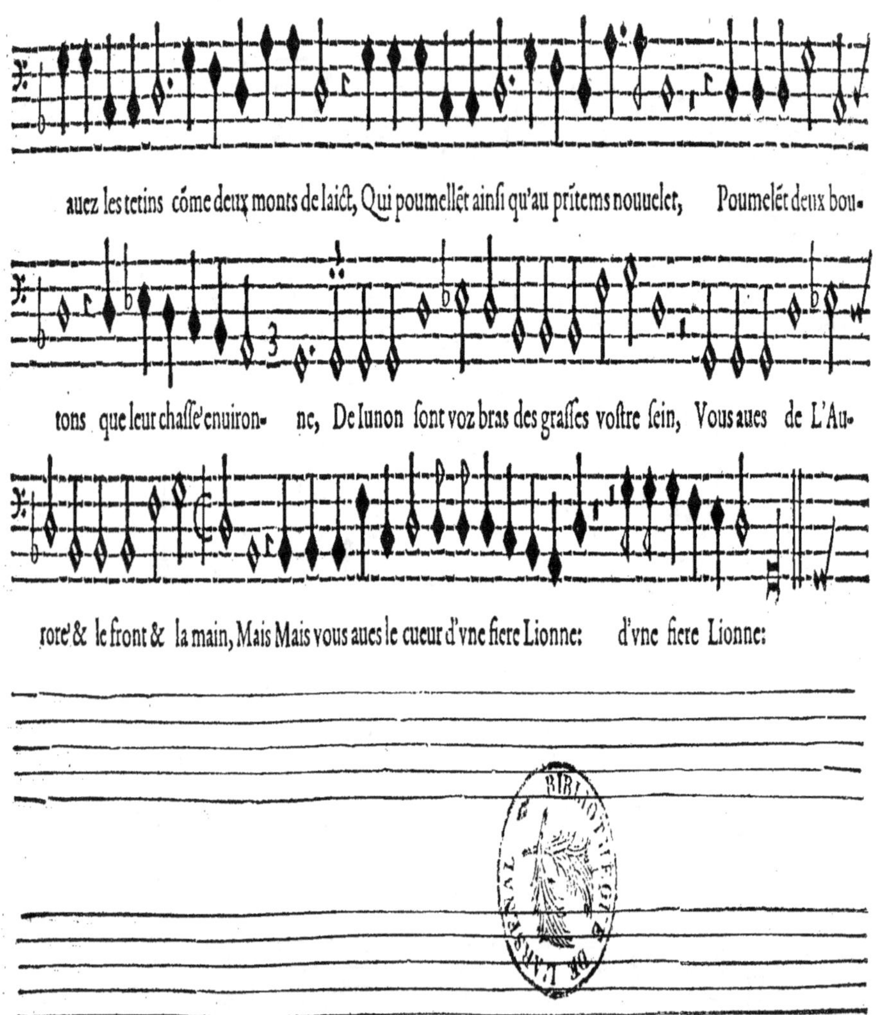

auez les tetins cóme deux monts de laict, Qui poumellét ainsi qu'au prítems nouuelet, Poumelét deux bou-
tons que leur chasse'enuiron- ne, De Iunon sont voz bras des grasses vostre sein, Vous aues de L'Au-
rore'& le front & la main, Mais Mais vous aues le cueur d'vne fiere Lionne: d'vne fiere Lionne:

C

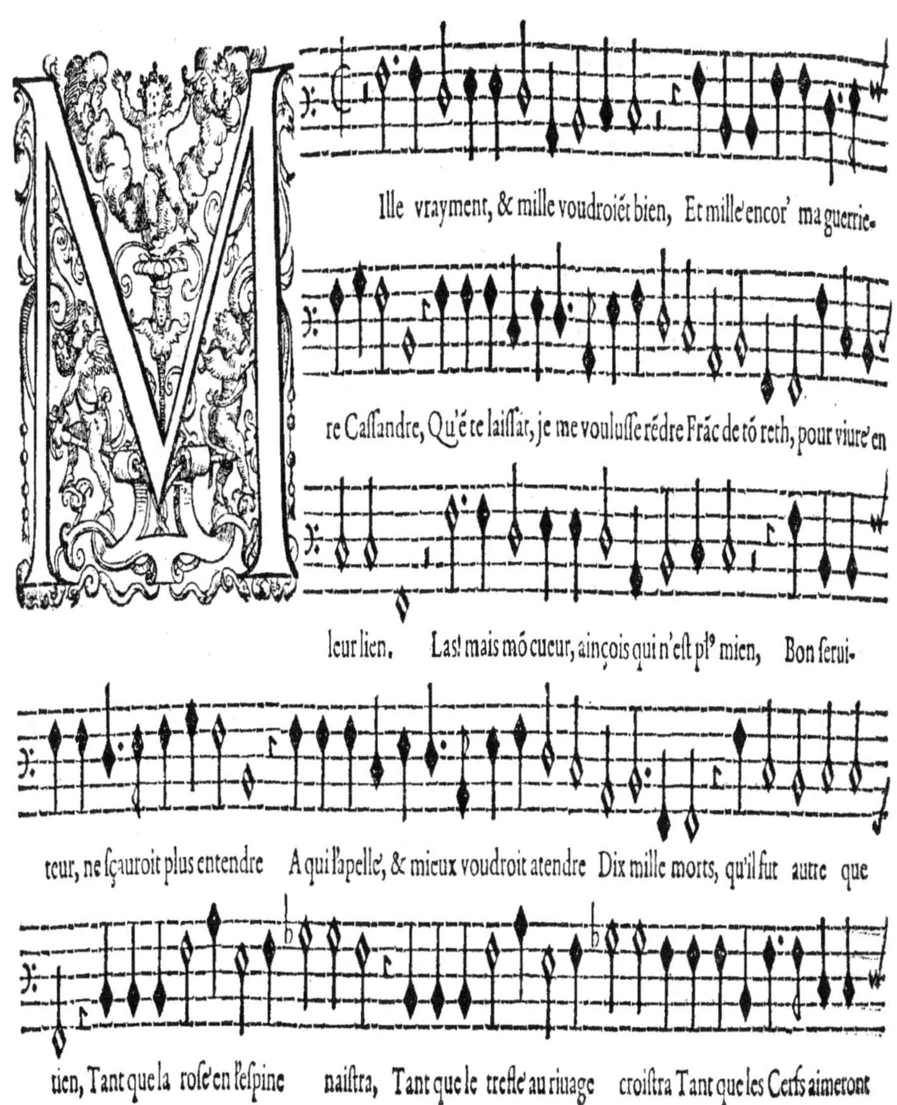

Ille vrayment, & mille voudroiét bien, Et mille encor' ma guerrie-
re Caſſandre, Qu'é te laiſſat, je me vouluſſe rédre Fràc de tó reth, pour viure en
leur lien.   Las! mais mó cueur, ainçois qui n'eſt pl⁹ mien,   Bon ſerui-
teur, ne ſçauroit plus entendre   A qui l'apelle, & mieux voudroit atendre Dix mille morts, qu'il fut autre que
tien, Tant que la roſe en l'eſpine   naiſtra,   Tant que le trefle au riuage   croiſtra Tant que les Cerfs aimeront

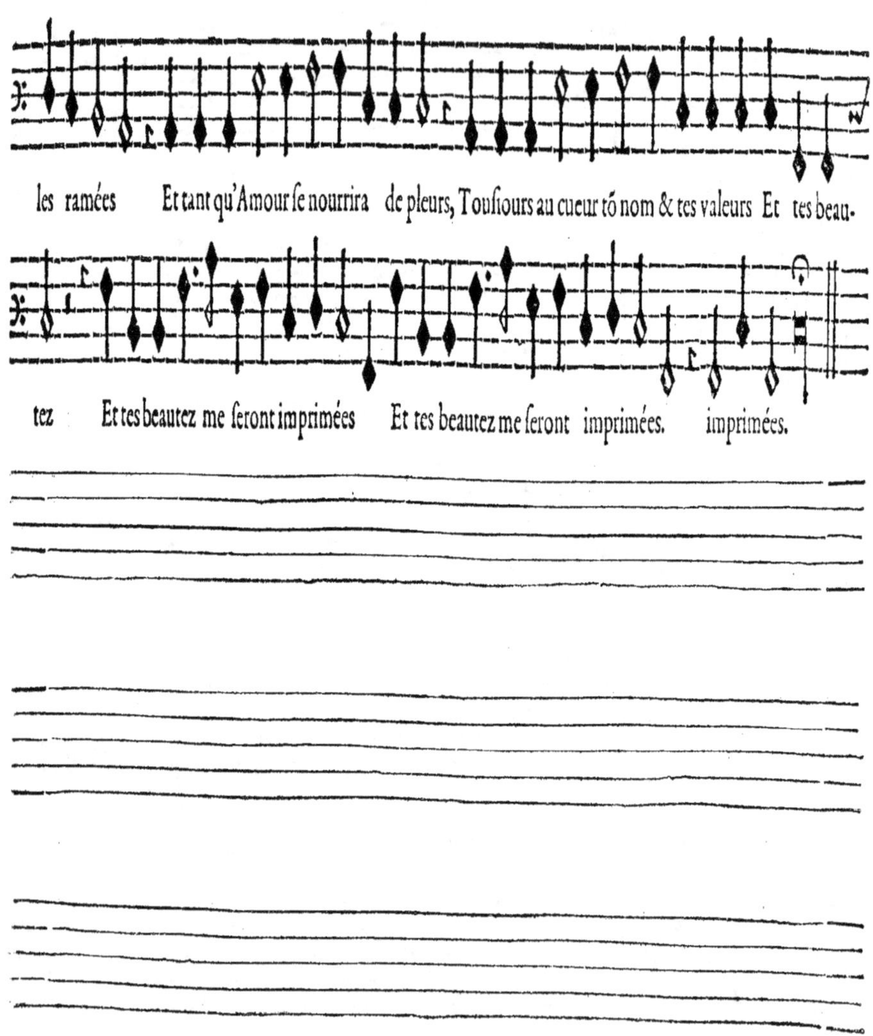
les ramées   Et tant qu'Amour se nourrira de pleurs, Tousiours au cueur tô nom & tes valeurs Et tes beau-
tez   Et tes beautez me seront imprimées   Et tes beautez me seront imprimées.   imprimées.

II. LIVRE,

Ontre mon gré Contre mon gré l'atrait de tes beaux yeux Contre mon
gré l'atrait de tes beaux yeux Donte mó cueur, & quád je te veux dire   &
quád je te veux dire Quelle'est ma mort,   tu ne t'en fais que rire,   tu
ne t'en fais que ri-
re, Et de mon mal tu as le cueur joyeux. tu as le cueur joyeux.   Puis qu'en t'ai-
mant   je ne puis auoir mieux Puis qu'en t'aimát je ne puis auoir mieux Souffre du mois que pour toy

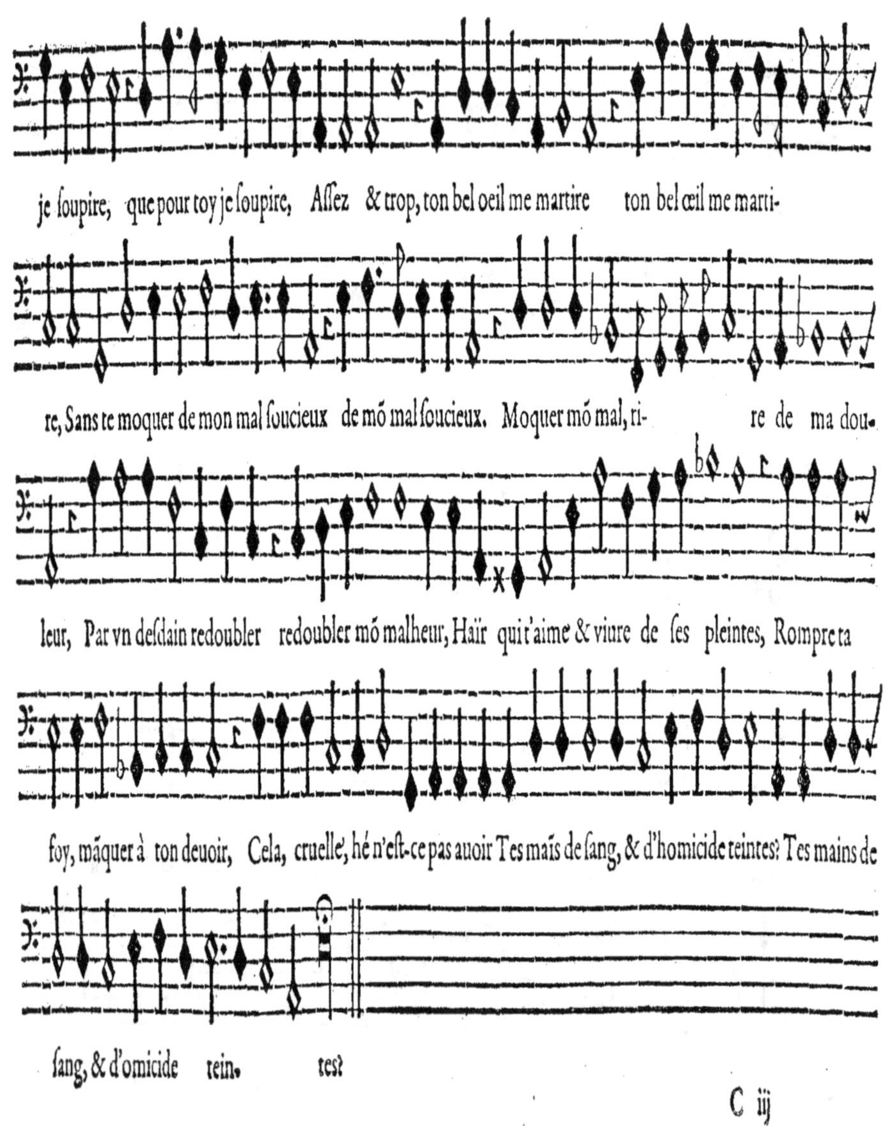
je soupire, que pour toy je soupire, Assez & trop, ton bel oeil me martire ton bel œil me marti-
re, Sans te moquer de mon mal soucieux de mō mal soucieux. Moquer mō mal, ri- re de ma douleur, Par vn desdain redoubler redoubler mō malheur, Haïr qui t'aime & viure de ses pleintes, Rompre ta
foy, māquer à ton deuoir, Cela, cruelle, hé n'est-ce pas auoir Tes maīs de sang, & d'homicide teintes? Tes mains de
sang, & d'omicide tein. tes?

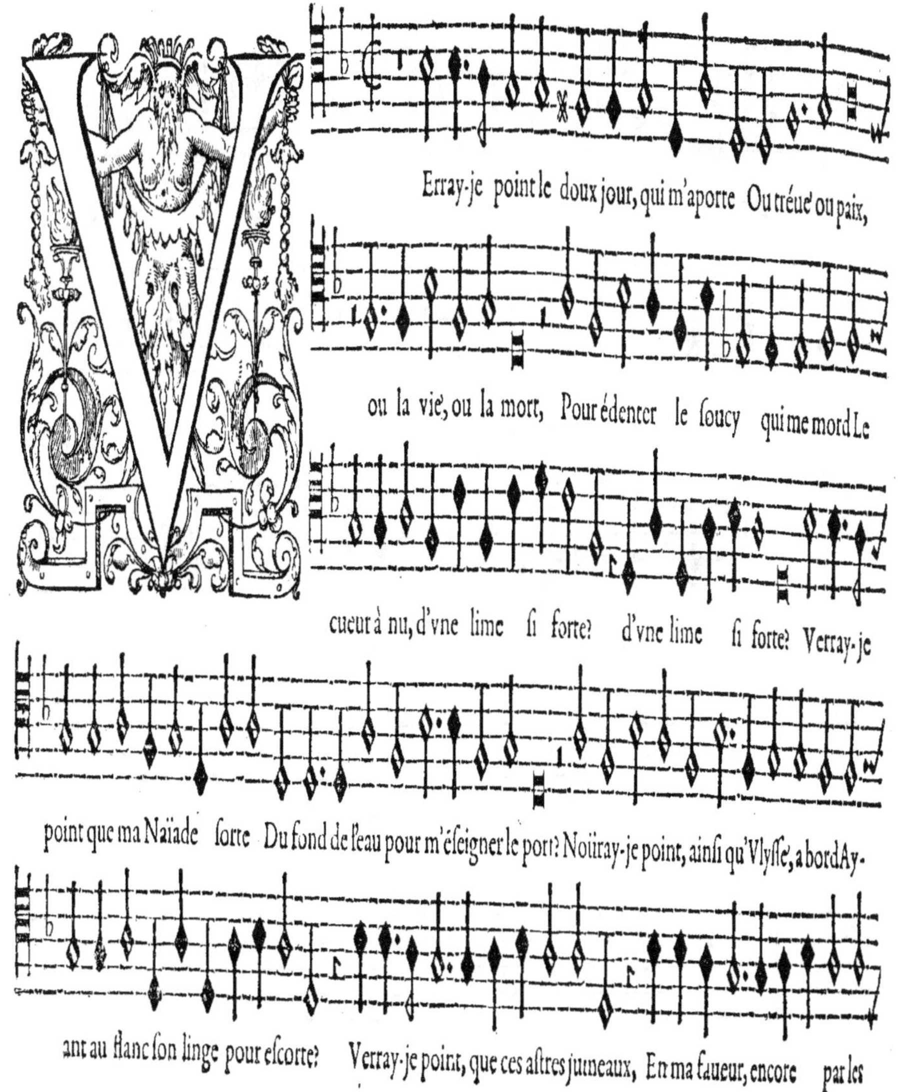
Erray-je point le doux jour, qui m'aporte Ou tréue ou paix,
ou la vie, ou la mort, Pour édenter le soucy qui me mord Le
cueur à nu, d'vne lime si forte? d'vne lime si forte? Verray-je
point que ma Naïade sorte Du fond de l'eau pour m'éseigner le port? Noüiray-je point, ainsi qu'Vlysse, a bordAy-
ant au flanc son linge pour escorte? Verray-je point, que ces astres jumeaux, En ma faueur, encore par les

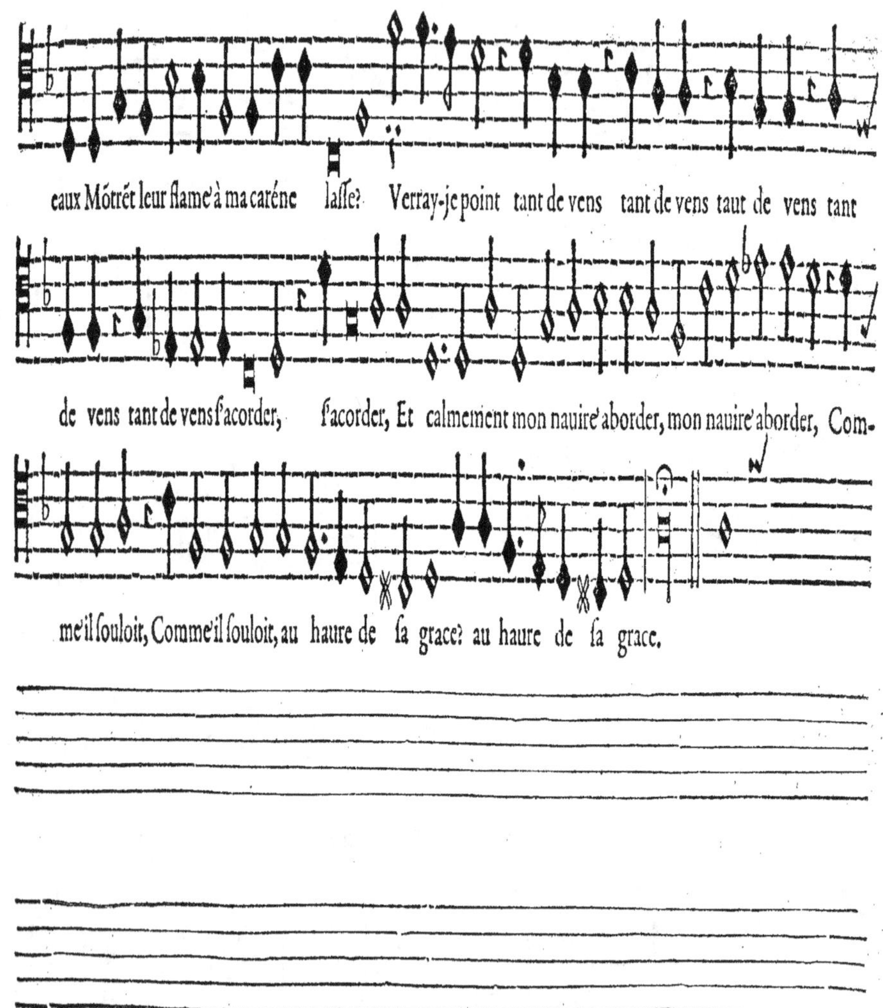
eaux Môtrét leur flame'à ma caréne lasse? Verray-je point tant de vens tant de vens taut de vens tant
de vens tant de vens s'acorder, s'acorder, Et calmement mon nauire' aborder, mon nauire' aborder, Comme'il souloit, Comme'il souloit, au haure de sa grace? au haure de sa grace.

Oßignol mõ mignõ, qui par cette faulaye Vas feul de brãche' en brãche' à
ton gré vole vole vole vole vole voletant Et chan-
tes Et chan-   tes à l'enuy de
moy qui vay chãtant Celle qui faut touſiours q̃ dans la bouche j'aye.   ta douce voix ſ'eſſaye   De ſonner De
ſonner les amours d'vne   qui t'aymetant Et moy triſte   je vay la beauté regrettant la beauté regret-

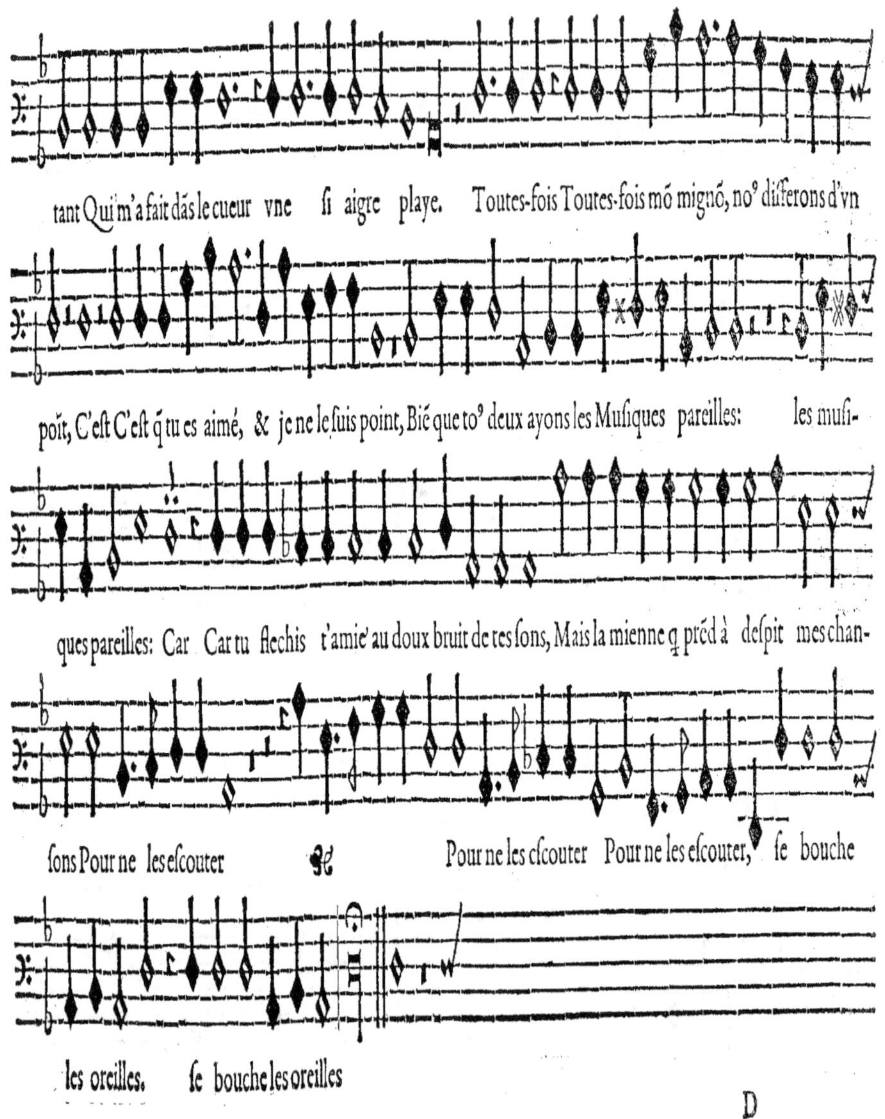

tant Qui m'a fait dãs le cueur vne   ſi aigre playe.   Toutes-fois Toutes-fois mõ mignõ, no⁹ differons d'vn
poĩt, C'eſt C'eſt q̃ tu es aimé,   & je ne le ſuis point, Biẽ que to⁹ deux ayons les Muſiques pareilles: les muſiques pareilles: Car Car tu flechis t'amie' au doux bruit de tes ſons, Mais la mienne q̃ prẽd à deſpit mes chan-
ſons Pour ne les eſcouter   Pour ne les eſcouter Pour ne les eſcouter,   ſe bouche
les oreilles.   ſe bouche les oreilles

D

Vand je te voy seulle' assise   seulle' assise apar toy, Tou-
te' amassee' auecques ta pensee,   Vn peu la teste' encontre bas baissee,
Te retirant   du vulgaire' & de moy, Ie veux souuent   Ie
veux souuent pour rompre ton esmoy, Te saluer   mais ma voix offencee   De trop de peur se retient amassee   Dedans la bouche' & me laisse tout coy, Souffrir ne puis Souffrir ne puis les raions de ta veue,   Crain-

tiue' au corps mõ ame tremble' esmue   langue, ne voix, ne font leur action.   Seulz mes soupirs   Par-
lent pour moy & telle passion   & telle passion De mon amour donne' asses tesmoignage ,donne' asses
tesmoignage   donne' asses tesmoignage.

I trop fouuent   Si trop fouuent Si trop fouuent quãd le de-
fir me preffe Tout afamé   de viure de voz yeux, Paureux, hon-
teux, penfif & foucieux Deuant voftre huis je repaffe   Maitreffe.
je repaffe Maitreffe, Maitreffe,   Pardonnez moy Pardonnez moy ma mortelle Déeffe, Si malgré
moy je vous fuis ennuyeux, Malgré moy nõ car j'aime beaucoup mieux Sãs võ facher trefpaffer   trefpaffer

de tristesse   Las!   Las! si je passe & passe   si souuent   Aupres de vo fantastique & resuat C'est pour em-
bler   vn trait   vn trait   vn trait de vostre   veue   Qui fait ma vie en mon corps sejourner: Permetez donc
Permetez donc que l'ame soit repeue, D'vn bié qui n'est moidre pour le dóner D'vn.

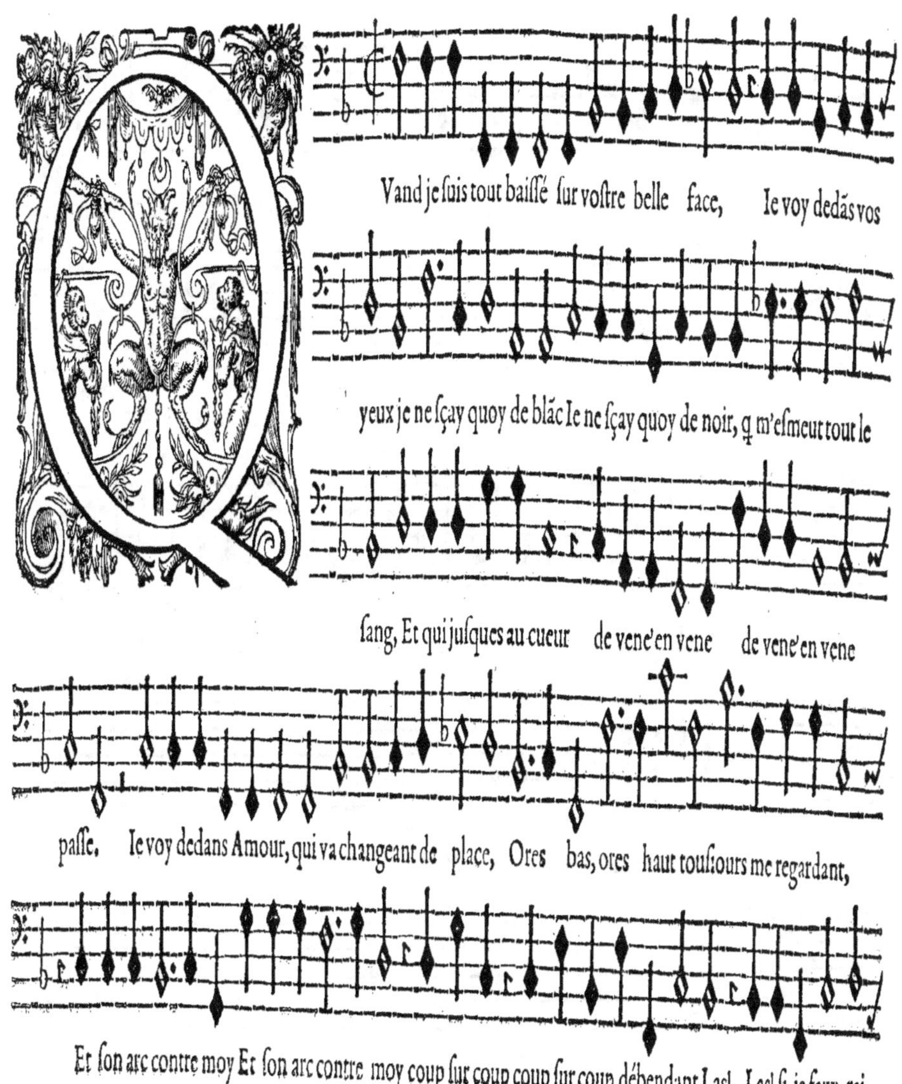
Vand je suis tout baissé sur vostre belle face,   Ie voy dedãs vos
yeux je ne sçay quoy de blãc Ie ne sçay quoy de noir, q̃ m'esmeut tout le
sang, Et qui jusques au cueur   de vene'en vene   de vene'en vene
passe.   Ie voy dedans Amour, qui va changeant de place, Ores bas, ores haut tousiours me regardant,
Et son arc contre moy Et son arc contre moy coup sur coup coup sur coup débendant Las! Las! si je faux, rai-

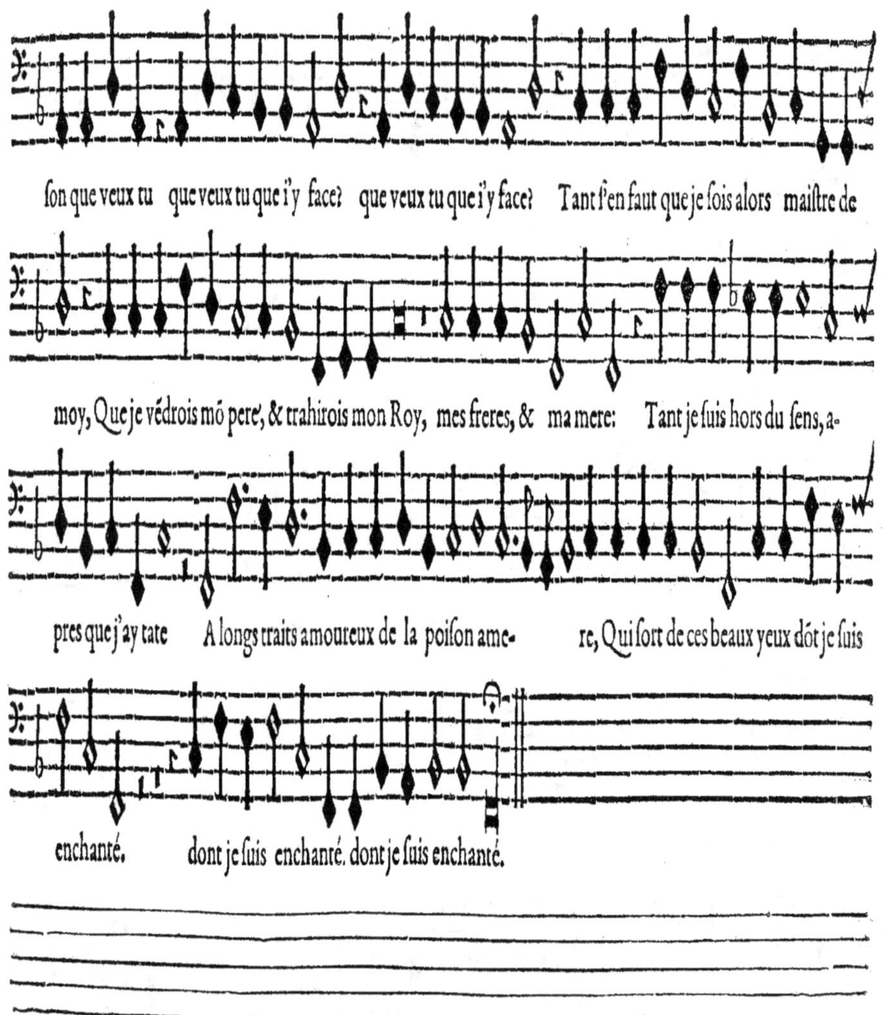
son que veux tu   que veux tu que i'y face?   que veux tu que i'y face?   Tant s'en faut que je sois alors   maistre de
moy, Que je védrois mó pere, & trahirois mon Roy,   mes freres, &   ma mere: Tant je suis hors du sens, a-
pres que j'ay tate   A longs traits amoureux de la poison ame-   re, Qui sort de ces beaux yeux dót je suis
enchanté.   dont je suis enchanté. dont je suis enchanté.

O ma belle maiſtreſſe, O ma belle maiſtreſſe à tout le moins pre-
nez De moy voſtre ſeruant ce Roſſignol en cage,　　& je vis
en ſeruage　& je vis en ſeruage　　Sous　　vous, qui ſans mer-
cy en priſon me tenez: Allez donc, Roſſignol, en ſa châbre, & ſonez mon dueil à ſon oreille auec　voſtre ra-
mage,　　Et ſil vous eſt poſſible eſmouues ſon courage　à　me fere　mercy puis vous en reuenes　　puis

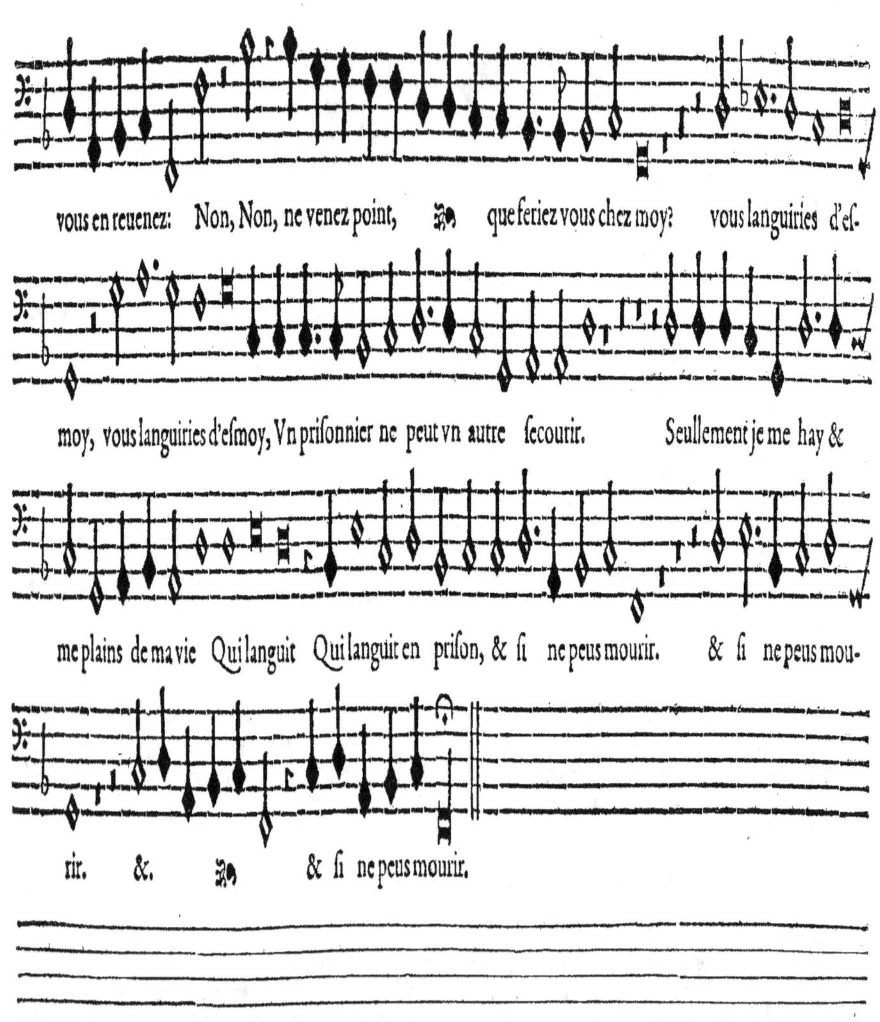

vous en reuenez: Non, Non, ne venez point, que feriez vous chez moy? vous languiries d'efmoy, vous languiries d'efmoy, Vn prifonnier ne peut vn autre fecourir. Seullement je me hay &
me plains de ma vie Qui languit Qui languit en prifon, & fi ne peus mourir. & fi ne peus mourir. &. & fi ne peus mourir.

E

Ton frere.   ta sœur Polyxene' en chaste conscience,
A ton parjure' ayeul en peu de loyauté,   Au viellard
Antenor en mieleuse' eloquence   A ton grand frere' He-
ctor en fiere cruau-   té. Neptune n'assit onc vne pierre si dure   Dedans le mur Troy-
en, q̃ toy pour qui j'endure,   Vn mille million   Vn mille million de morts ny Vlysse vein-

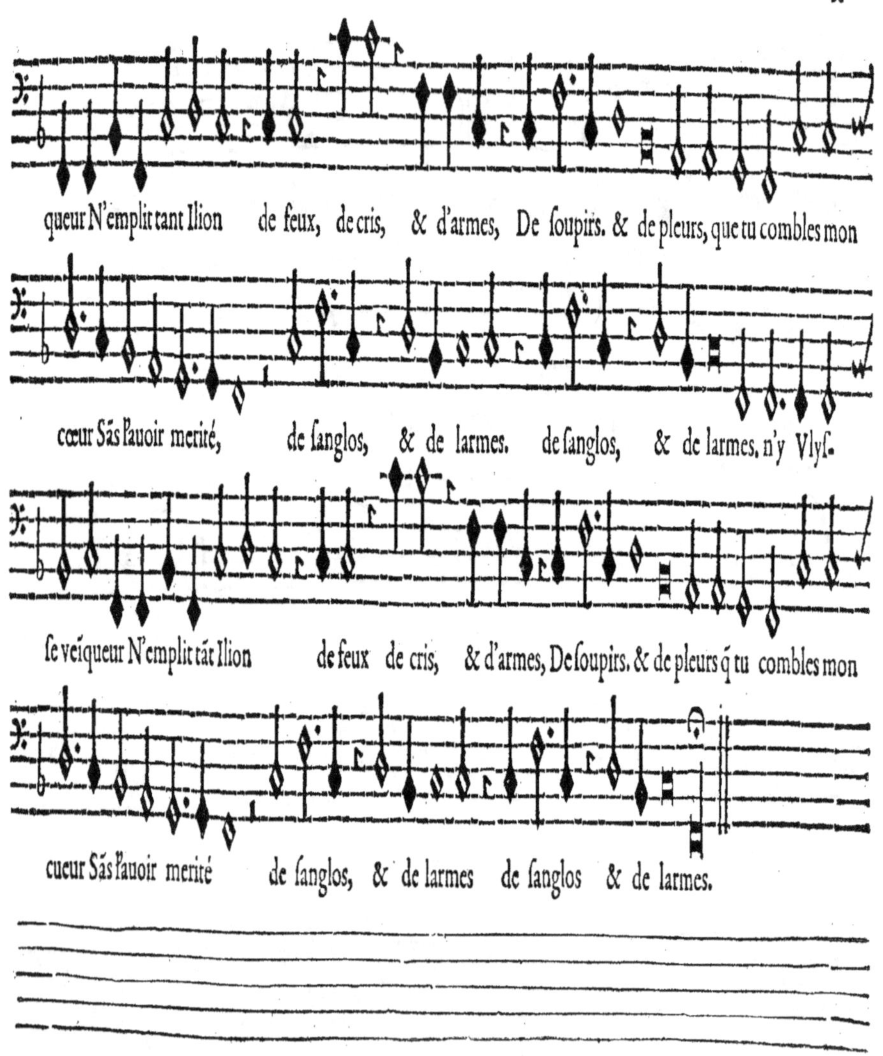

queur N'emplit tant Ilion de feux, de cris, & d'armes, De soupirs. & de pleurs, que tu combles mon
cœur Sás l'auoir merité, de sanglos, & de larmes. de sanglos, & de larmes, n'y Vlysse veíqueur N'emplit tát Ilion de feux de cris, & d'armes, De soupirs. & de pleurs q̃ tu combles mon
cueur Sás l'auoir merité de sanglos, & de larmes de sanglos & de larmes.

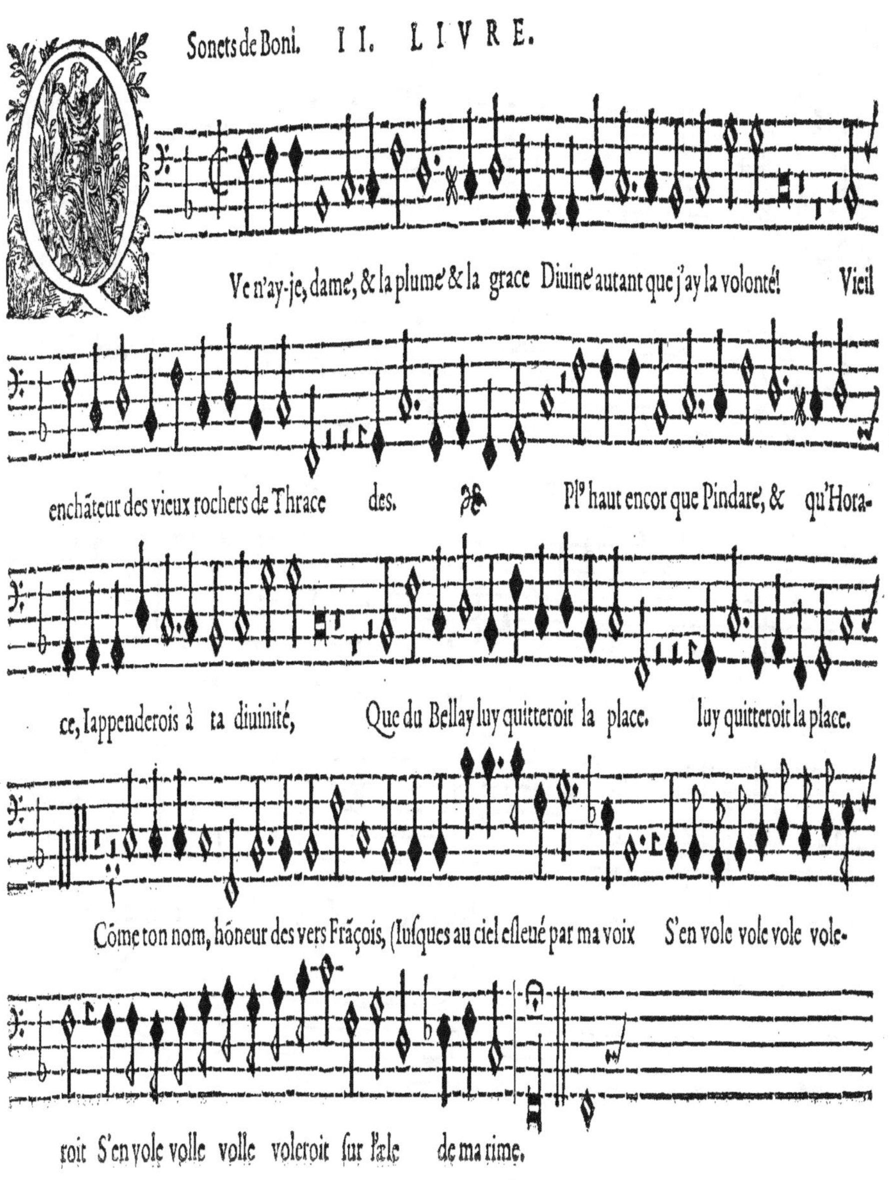
Ve n'ay-je, dame, & la plume & la grace Diuine autant que j'ay la volonté!   Vieil
enchâteur des vieux rochers de Thrace   des.   Pl⁹ haut encor que Pindare, &   qu'Hora-
ce, Iappenderois à   ta diuinité,   Que du Bellay luy quitteroit la place.   luy quitteroit la place.
Côme ton nom, hôneur des vers Fraçois, (Iusques au ciel esleué par ma voix   S'en vole vole vole voleroit S'en vole volle volle voleroit sur l'ale   de ma rime.

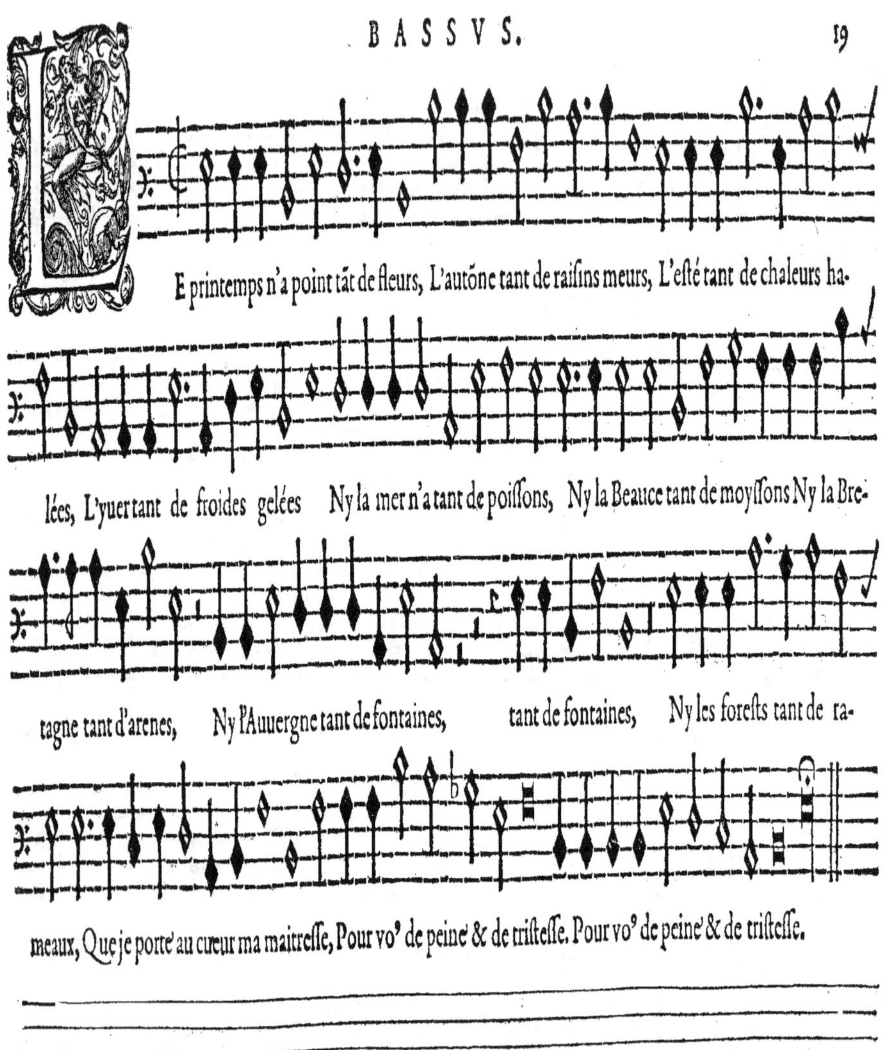
E printemps n'a point tát de fleurs, L'autóne tant de raiſins meurs, L'eſté tant de chaleurs ha-
lées, L'yuer tant de froides gelées Ny la mer n'a tant de poiſſons, Ny la Beauce tant de moyſſons Ny la Bre-
tagne tant d'arenes, Ny l'Auuergne tant de fontaines, tant de fontaines, Ny les foreſts tant de ra-
meaux, Que je porte' au cœur ma maitreſſe, Pour vo' de peine' & de triſteſſe. Pour vo' de peine' & de triſteſſe.

E iij

Il y   a quelque fille' en toute' vne contrée,   Qui soit inexo-
rable' inhumaine' & cruelle. Tousjours elle' est de moy pour dame rencontré.
e,   Et tousiours le malheur me fait seruiteur d'elle: Mais si quelq' vne' est
douce, honeste, aymable' & belle, La prise' en est pour moy tousiours desesperée: I'ay beau estre courtois, jeune', accort, & fidelle,   Elle sera tousiours d'vn sot en-amourée.   Sous tel astre   malin je naquis

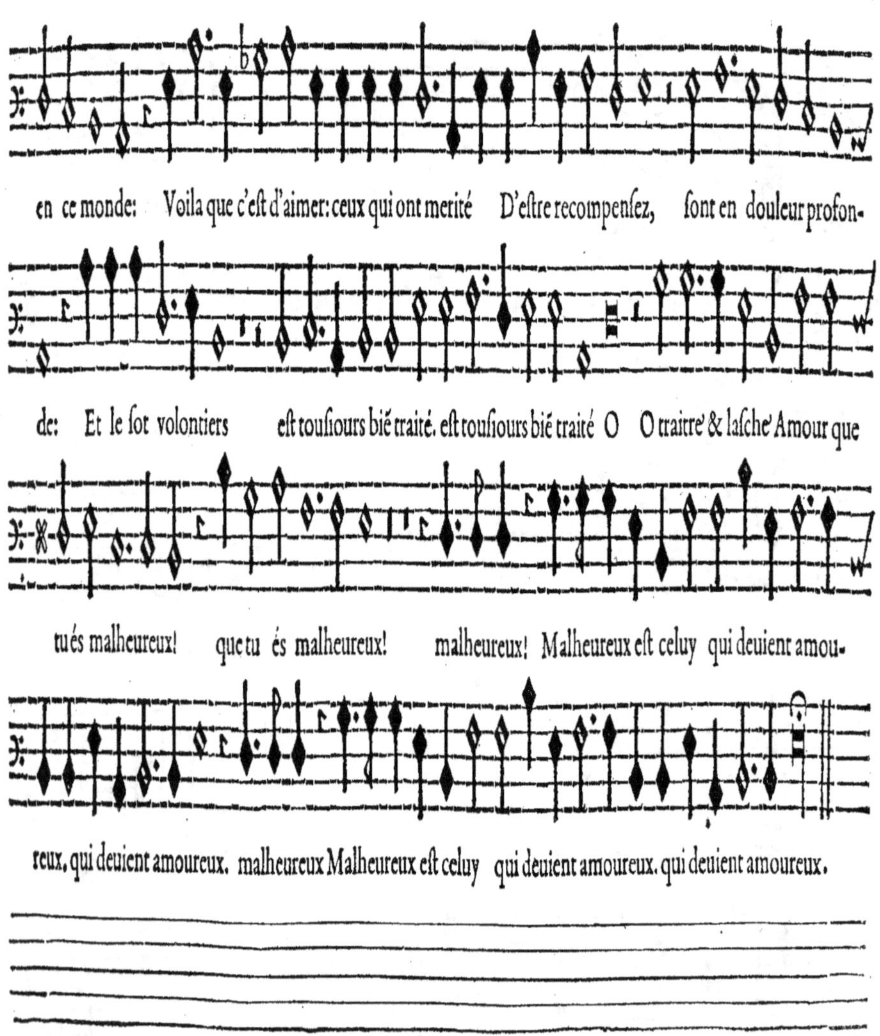
en ce monde: Voila que c'est d'aimer: ceux qui ont merité D'estre recompensez, sont en douleur profon-
de: Et le sot volontiers est tousiours bié traité. est tousiours bié traité O O traitre & lasche Amour que
tu és malheureux! que tu és malheureux! malheureux! Malheureux est celuy qui deuient amoureux, qui deuient amoureux. malheureux Malheureux est celuy qui deuient amoureux. qui deuient amoureux.

E que voulez-vous dire? He que voulez-vo' dire estes vous si cru-
elle De ne vouloir aimer? voyez voyez les passereaux Qui demenent l'a-
mour, regardes le Ramier voyex voyez deça dela deça de-
la d'vne fretillante æsle volle volle volle volle volle volle volleter Vole vole voleter les amoureux les
amoureux oyseaux, Voyez Voyez la jeune vigne embrasser embrasser embrasser les ormeaux, Et toute chose

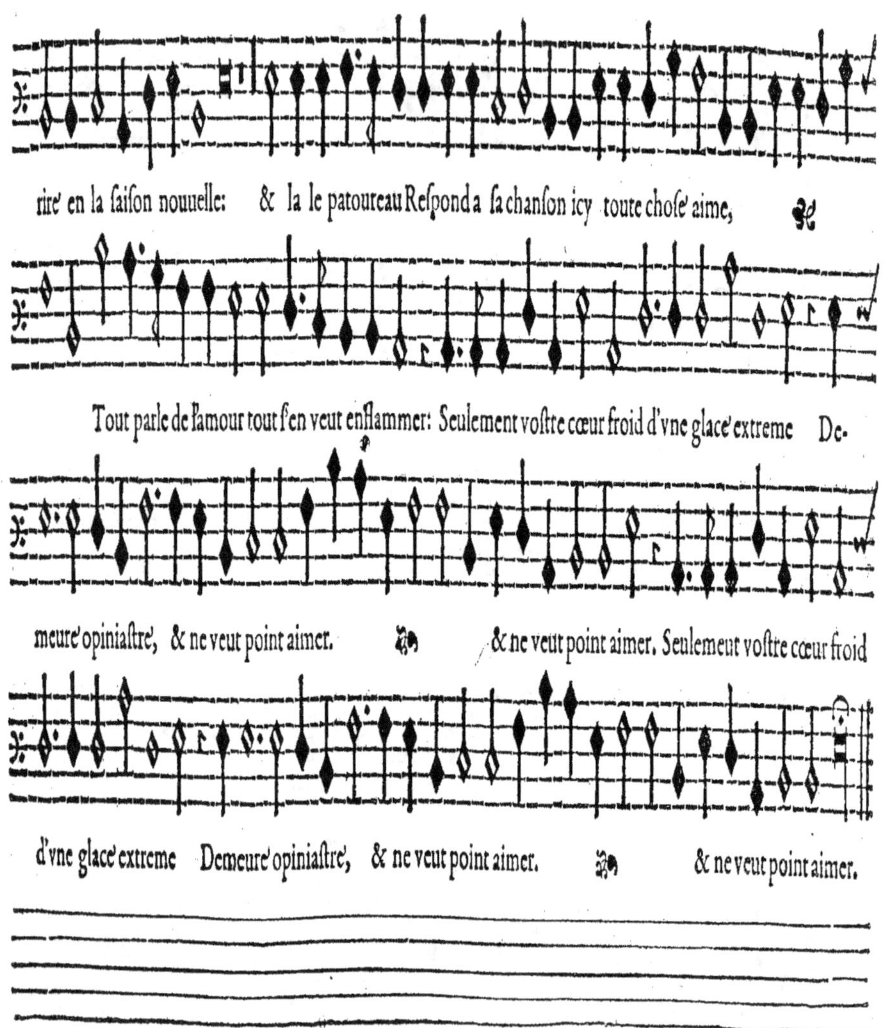
rire' en la saison nouuelle: & la le patoureau Responda sa chanson icy toute chose' aime,

Tout parle de l'amour tout s'en veut enflammer: Seulement vostre cœur froid d'vne glace' extreme   De-

meure' opiniastre', & ne veut point aimer.   & ne veut point aimer. Seulemeut vostre cœur froid

d'vne glace' extreme   Demeure' opiniastre',   & ne veut point aimer.   & ne veut point aimer.

F

I j'eſtois Iupiter, Sinope, vous ſeriez Mon eſpouſe Iu-
non: ſi j'eſtois Roy des ondes, Vous ſeriez ma Thetys, Roine des eaux pro-
fondes Et pour voſtre maiſon la grand mer vo' auriez: Si la ter-
re'eſtoit mienne'auec moy vo' tiendriez L'empire ſous vos mains dame des terres rondes, Et deſſus vne
Coche'en belles treſſes blondes, Par le peuple'en honneur Déeſſe vous i- riez. Mais je ne ſuis pas Dieu &c

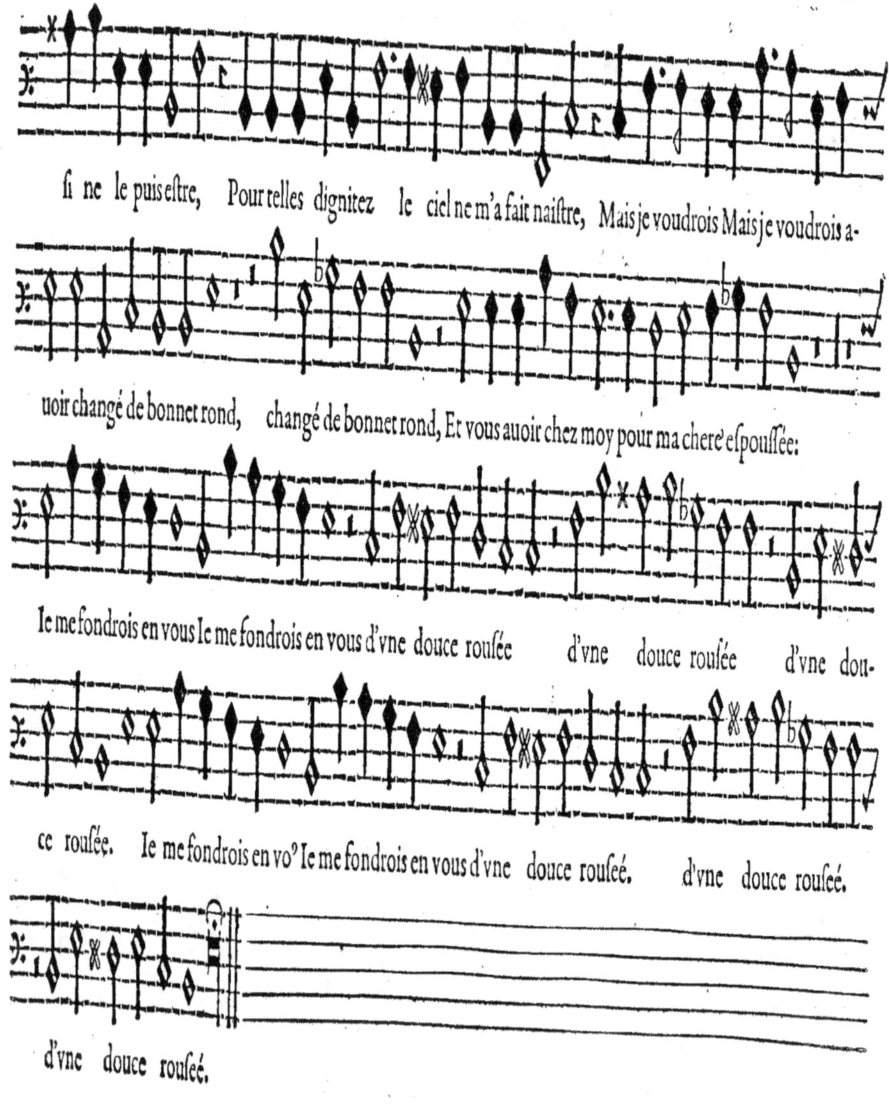

fi ne le puis eſtre, Pour telles dignitez le ciel ne m'a fait naiſtre, Mais je voudrois Mais je voudrois a-

uoir changé de bonnet rond, changé de bonnet rond, Et vous auoir chez moy pour ma chere eſpouſſée:

Ie me fondrois en vous Ie me fondrois en vous d'vne douce rouſée d'vne douce rouſée d'vne dou-

ce rouſée. Ie me fondrois en voꝰ Ie me fondrois en vous d'vne douce rouſée. d'vne douce rouſée.

d'vne douce rouſée.

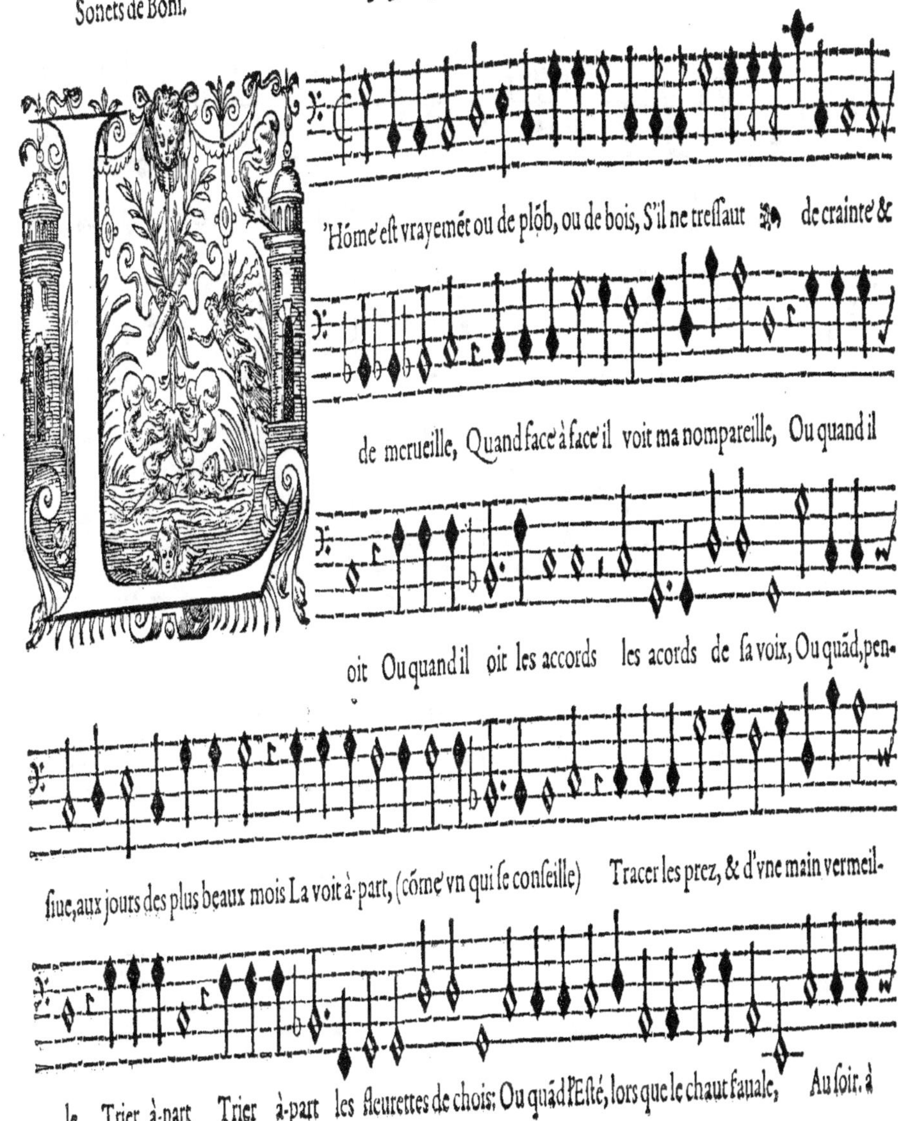
'Hóme est vrayemét ou de plób, ou de bois, S'il ne treſſaut de crainte & de m_rueille, Quand face à face il voit ma nompareille, Ou quand il
oit Ou quand il oit les accords les acords de ſa voix, Ou quád, pen-
ſiue, aux jours des plus beaux mois La voit à-part, (cóme vn qui ſe conſeille) Tracer les prez, & d'vne main vermeille Trier à-part Trier à-part les ſleurettes de chois: Ou quád l'Eſté, lors que le chaut fauale, Au ſoir à

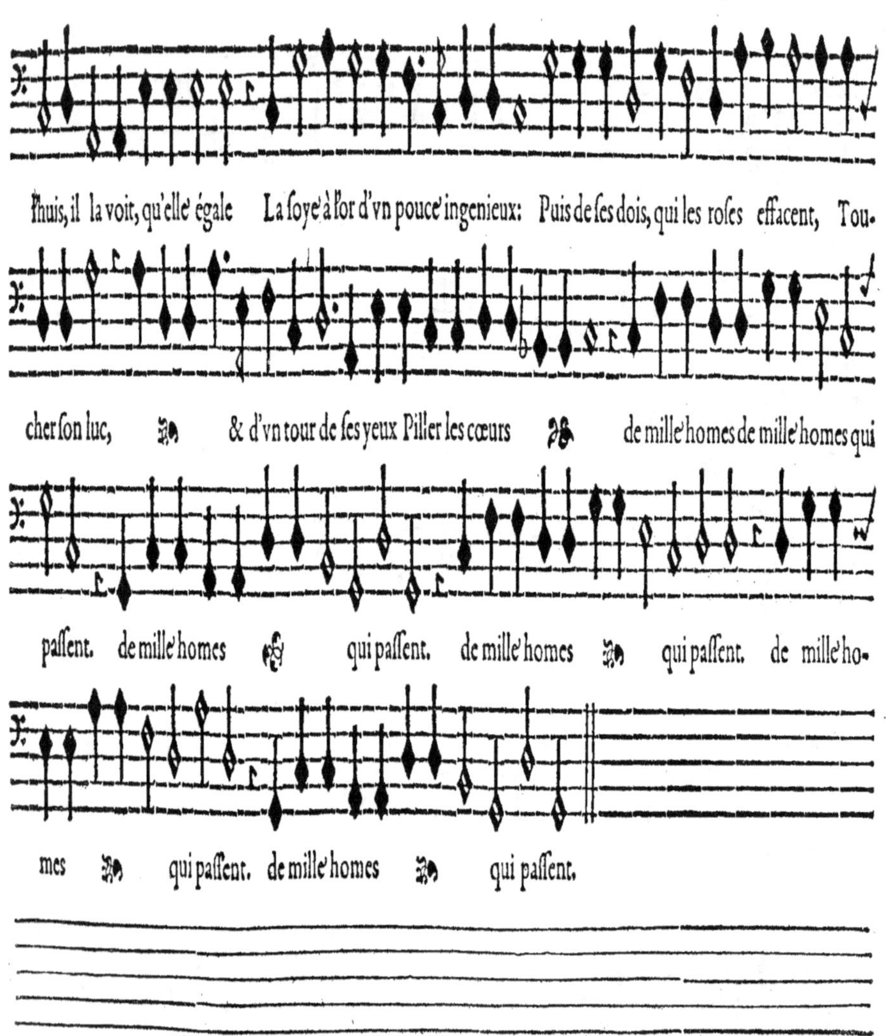
Phuis, il la voit, qu'elle' égale   La foye' à l'or d'vn pouce' ingenieux: Puis de fes dois, qui les rofes effacent, Tou-
cher fon luc,   & d'vn tour de fes yeux Piller les cœurs   de mille' homes de mille' homes qui
paffent.   de mille' homes   qui paffent.   de mille' homes   qui paffent.   de mille' homes   qui paffent.   de mille' homes   qui paffent.

F iij

Res l'effroy Ores l'effroy & ores l'esperance   De tous co-
stez   De tous costez se campent en mon cœur Et tour à tour   Et tour à
tour l'vn & l'autre est veinqueur, Pareils en force & en perseuerance.

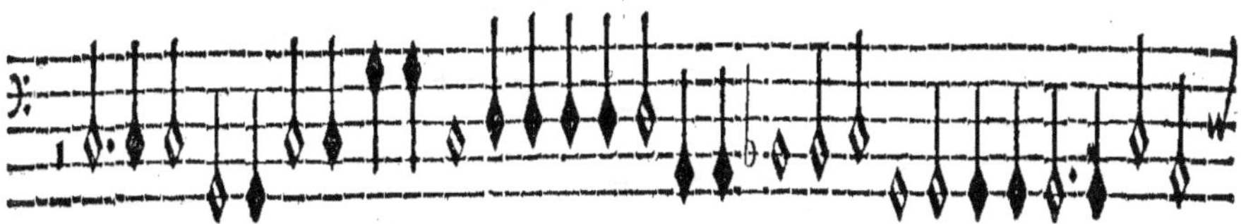
Ores   douteux, ores   plein d'asseurance, Entre l'espoir & la doute & la peur, Heureusement de moy-mes-

me trompeur, Au cueur captif je promets deliurance.   Verray-je point auant mourir le temps, Que je tondray la fleur de

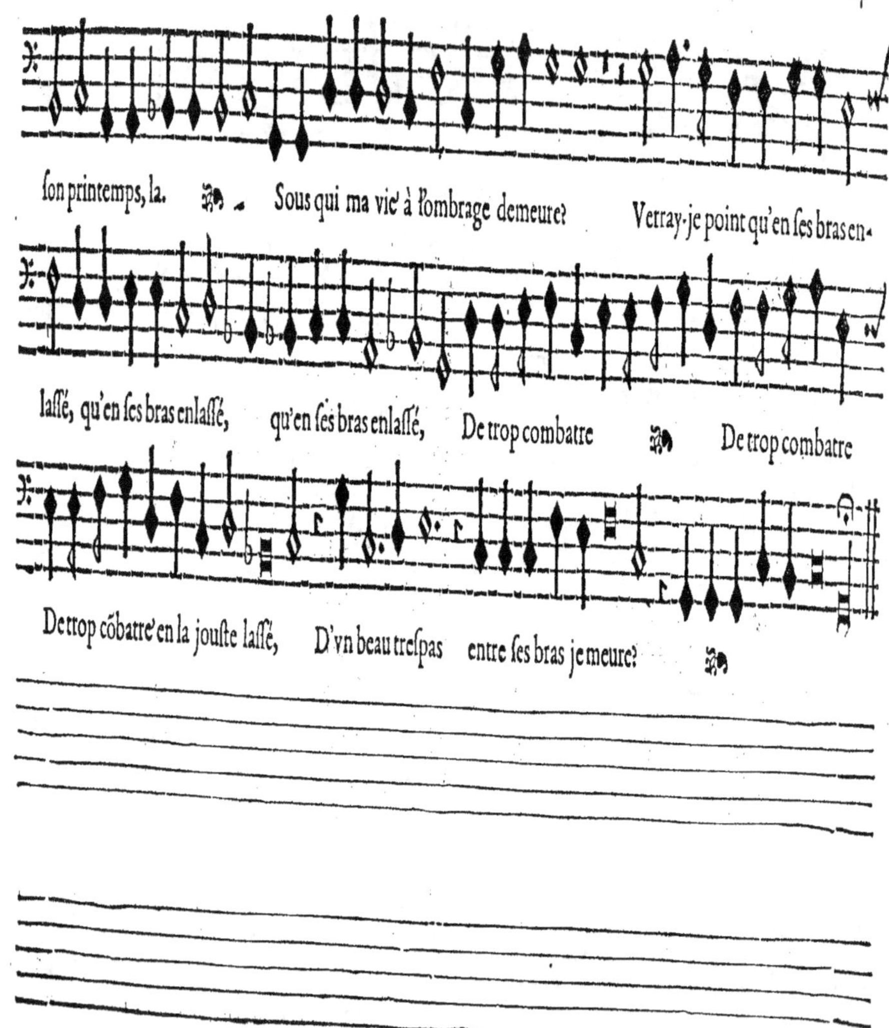
ſon printemps, la.	Sous qui ma vie à l'ombrage demeure?	Vetray-je point qu'en ſes bras en-
laſſé, qu'en ſes bras enlaſſé,	qu'en ſes bras enlaſſé,	De trop combatre	De trop combatre
De trop côbatre en la jouſte laſſé,	D'vn beau treſpas	entre ſes bras je meure?

FIN.